CONSULTATION

DE

MM. LES BATONNIERS

de l'Ordre des Avocats du Barreau de Paris

POUR

M. LE COMTE D'HAUSSONVILLE

PARIS. — IMPRIMERIE DE DUBUISSON ET Ce, RUE COQ-HÉRON, 5. — (101).

CONSULTATION

DE

MM. LES BATONNIERS

DE

l'Ordre des Avocats du Barreau de Paris

EN RÉPONSE AUX QUESTIONS

posées par

M. LE COMTE D'HAUSSONVILLE

suivie des adhésions motivées de

MM. ODILON BARROT et HÉBERT

ET DE

MM. les Bâtonniers, membres du Conseil de l'Ordre des Avocats des Barreaux de Départements.

PARIS

MICHEL LÉVY FRÈRES, LIBRAIRES-ÉDITEURS

RUE VIVIENNE, 2 BIS

1860

LETTRE

DE

M. D'HAUSSONVILLE

A Me MARIE

AVOCAT, ANCIEN BATONNIER.

Paris, le 15 décembre 1859.

Monsieur,

Les questions que j'ai cru devoir soulever devant le public par l'écrit intitulé : « *Lettre aux Bâtonniers,* » inséré dans le *Courrier du Dimanche*, du 20 novembre, sont des questions pratiques de fait autant que de droit : car, d'un côté, plusieurs citoyens ont, à ma connaissance, l'intention de s'adresser, par voie de pétition, au Sénat ; et, de l'autre, M. Dubuisson, imprimeur, ayant refusé d'imprimer séparément en brochure, comme il en était convenu, mon écrit qui a été l'objet d'un avertissement, j'ai besoin de savoir si j'ai le droit de l'attaquer devant les tribunaux.

J'ai donc l'honneur de solliciter votre avis et celui de vos confrères qui voudront bien se joindre à vous ; et les questions sur lesquelles je me permets de vous consulter sont les suivantes :

1° Tout Français jouissant de ses droits politiques a-t-il le droit de demander au Sénat, par voie de pétition, les changements qu'il croit utiles aux lois existantes ?

Une grande étendue ne doit-elle pas être laissée à l'exercice de ce droit ?

2° En s'adressant au Sénat, tout Français jouissant de ses droits politiques a-t-il le droit d'expliquer les motifs des réformations qu'il demande ?

3° Le décret du 17 février 1852 peut-il, soit dans toutes ses dispositions, soit dans quelques-unes, être, par voie de pétition, dénoncé au Sénat comme contraire aux principes reconnus, maintenus et garantis par la Constitution de 1852 ?

4° Est-il permis de reproduire, par voie de brochure, un article qui aurait été, dans un journal, l'objet d'un avertissement ?

Je saisis cette occasion pour vous offrir, monsieur, l'assurance de mes sentimens de considération les plus distingués.

Signé : comte D'HAUSSONVILLE,
Ancien député.

CONSULTATION

DE

MM^{es} PLOCQUE , bâtonnier , BERRYER , ancien bâtonnier , MARIE , ancien bâtonnier, DUFAURE , ancien bâtonnier, LIOUVILLE , ancien bâtonnier, et BETHMONT , ancien bâtonnier.

Les jurisconsultes soussignés, bâtonnier et anciens bâtonniers de l'ordre des avocats à la Cour de Paris ;

Vu la note à consulter, signée de M. le comte d'Haussonville ;

Après en avoir délibéré en commun, adoptent, sur les questions posées dans cette Note, les résolutions suivantes :

PREMIÈRE QUESTION

TOUT FRANÇAIS JOUISSANT DE SES DROITS POLITIQUES A-T-IL LE DROIT DE DEMANDER AU SÉNAT, PAR VOIE DE PÉTITION, LES CHANGEMENTS QU'IL CROIT UTILES AUX LOIS EXISTANTES ?

UNE GRANDE ÉTENDUE NE DOIT-ELLE PAS ÊTRE LAISSÉE A L'EXERCICE DE CE DROIT ?

Que le droit de pétition existe, et qu'il puisse être exercé par tout Français jouissant de ses droits politiques, cela ne peut être douteux.

L'art. 45 de la Constitution de 1852 dit, en effet : « Le » droit de pétition s'*exerce* auprès du Sénat ; aucune péti- » tion ne peut être adressée au Corps législatif. »

Il s'exerce, donc il est.

Mais quelle est son étendue ? Va-t-il, notamment, jusqu'à donner, à chaque citoyen jouissant de ses droits politiques, la faculté de demander les changements qu'il juge utiles aux lois existantes ?

Nous n'hésitons pas à répondre affirmativement à cette question.

Dans notre pensée, tous les intérêts qui se rattachent à la vie, à la destinée sociale des citoyens, intérêts moraux, matériels, politiques, religieux, administratifs, rentrent constitutionnellement dans le domaine du droit de pétition.

C'est pour protéger tous ces intérêts que ce droit existe ; autrement il n'aurait pas de raison d'être.

Toutes les fois, donc, qu'une loi existante menace, attaque ou compromet l'un d'eux, non-seulement cette loi peut, mais nous allons jusqu'à dire qu'elle doit être dénoncée au Sénat, dont le droit et le devoir sont d'en poursuivre la réformation.

Sans doute, le citoyen ne doit user de son droit de pétition qu'avec une prudente réserve, toujours dans un but sérieux et avec une parfaite convenance ; mais, quant au droit en lui-même, nous le répétons, il n'a de limite que la limite même des intérêts qu'il est appelé à protéger ou à défendre.

Pour justifier cette opinion, il suffira, en nous plaçant comme jurisconsultes au point de vue des faits qui se sont accomplis en 1852, de saisir ces faits dans leur matérialité, et, notamment, d'étudier la Constitution promulguée alors, dans son origine, dans ses principes, dans son texte.

Cette Constitution, nous n'avons point à la discuter, nous ne la discuterons pas ; elle est un fait, et nous cherchons, au point de vue du droit de pétition et de son étendue, ce que ce fait contient.

Cela dit, examinons :

Interrogée dans son origine, la Constitution de 1852 est l'œuvre de la souveraineté nationale, consultée dans ses comices et répondant par ses délibérations et par ses votes.

C'est cette souveraineté, en effet, qui, si l'on s'en rapporte au plébiscite voté dans ces temps, en a posé les *bases fondamentales* et dicté les *principes*. Ajoutons que c'est pour elle, et dans l'intérêt de son plus parfait développement, que ces *bases* ont été posées, ces *principes* dictés.

L'ordre donné et reçu, sans doute, le Président de la République, Louis-Napoléon Bonaparte, a arrêté les formules du pacte ; mais il les a arrêtées en vertu des pouvoirs qu'il a demandés au peuple, et que le peuple a consenti à lui déléguer.

Il les a arrêtées sur les *bases* et d'après les *principes* imposés par la souveraineté nationale. Cette souveraineté a donc présidé, par délégation, à la formule de la Constitution, comme elle a présidé, directement, à l'établissement des droits et des devoirs politiques que cette formule devait fidèlement proclamer.

S'il en est ainsi, comment le droit de pétition n'aurait-il pas l'étendue que nous lui donnons ?

Qu'est-ce donc que ce droit, sinon un droit de surveillance constitutionnelle émanant de la souveraineté du peuple elle-même, et s'exerçant, en son nom, et dans l'intérêt de son œuvre, par chaque citoyen, c'est-à-dire par tous et par chacun des membres du souverain ? Et si telle est sa nature, comment ce droit pourrait-il être limité dans son objet et dans son but ; ou plutôt, comment pourrait-il reconnaître d'autres limites que les limites mêmes de la souveraineté au nom de laquelle il s'exerce ?

La raison et la logique veulent que la souveraineté du peuple puisse toujours protéger et défendre tout ce que la souveraineté du peuple a fondé ou aspire à fonder.

Et, qu'on ne s'en effraye pas ! Car si, par la voie des pétitions, chaque citoyen peut et doit surveiller, avertir, enseigner, solliciter; après tout, la volonté et l'action, quand le moment en est venu, n'appartiennent qu'à la souveraineté du peuple, qui, seule, comme l'a très-bien dit, au surplus, le Président de la République en promulguant la Constitution, reste toujours maîtresse d'elle-même.

Cela posé, qu'est-ce que la souveraineté du peuple a fondé? Quels droits, quels intérêts a-t-elle entendu proclamer, garantir? Œuvre de cette souveraineté, la Constitution est-elle restée fidèle à son origine dans les principes qu'elle a formulés? D'après ces principes, le droit de pétition serait-il plus restreint que ne semble l'indiquer cette origine?

Si l'on examine cet acte, on voit qu'il s'occupe, largement, il est vrai, de l'organisation des pouvoirs dans la main desquels doit reposer la force délibérative et active du gouvernement.

Et pourtant, en y regardant de plus près, on voit aussi que les auteurs de cette œuvre ont, avant tout, senti la nécessité de lui laisser la vive et sévère empreinte de son origine, en proclamant, confirmant et consacrant, comme vérité positive et gouvernementale, les principes de haute politique que le temps et la civilisation, bien plus encore que la Révolution de 1789, ont dégagés des résistances et de l'obscurité des temps anciens.

En tête de la Constitution, en effet, nous lisons cette déclaration solennelle, qui domine l'établissement et l'organisation des pouvoirs eux-mêmes.

TITRE Ier. — ARTICLE PREMIER.

« La Constitution reconnaît, confirme et garantit les » grands principes proclamés en 1789, et qui sont la base » du droit public français. »

Nous n'avons pas à analyser ici ces *grands principes de* 1789, à définir ces *bases du droit public des Français* : ils embrassent dans leur vaste sein, elles soutiennent de leur invincible puissance, tous les droits, tous les devoirs, toutes les libertés, tous les intérêts ; la conscience publique le sait, cela suffit.

Mais nous nous demanderons, au point de vue de la question qui nous occupe, comment il serait possible, sous l'empire d'une telle déclaration, de limiter le droit de pétition et de dire : Tel droit, tel devoir, tel intérêt, telle liberté sera de son domaine ; et tel autre droit, tel autre devoir, tel autre intérêt, telle autre liberté n'en sera pas ?

La raison affirme qu'il n'en peut être ainsi. Le bon sens dit que lorsque la souveraineté du peuple couvre indistinctement de sa puissance tous les droits, tous les devoirs, toutes les libertés, tous les intérêts ; le droit de pétition, qui n'est encore une fois qu'une des manifestations actives et protectrices de cette souveraineté, ne peut pas être condamné à faire un choix parmi des choses également sacrées.

Pour que le choix fût obligé, il faudrait que, par une contradiction étrange, illégitime, les formules de la Constitution eussent donné un démenti tout à la fois et à l'origine populaire, que toutes les voies alors parcourues ont cherché à lui imprimer, et aux principes qu'elle a solennellement *reconnus, confirmés et garantis.*

Une telle contradiction existe-t-elle ? Cette question nous conduit à l'étude des textes, et nous disons tout d'abord que, bien loin de contrarier, ils confirment hautement les raisons que nous avons déjà présentées pour maintenir le droit de pétition sur les plus larges assises.

Ainsi, d'une part, la Constitution, fidèle en cela au principe proclamé de la souveraineté du peuple, laisse la porte constamment ouverte aux réformes. « Le peuple, dit le décret de promulgation, reste toujours maître de sa destinée ; » et plus loin : « On ne saurait laisser une voie trop large aux améliorations ; » d'autre part, il est proclamé que toute réforme émane du peuple et ne peut venir que de lui. « Rien de fondamental, dit-on, ne se fait en dehors de sa volonté. »

« Sera soumise au suffrage universel, dit à son tour la » Constitution, toute modification aux bases fondamen- » tales de la Constitution, telles qu'elles ont été posées

» dans la proclamation du 2 décembre, et adoptées par
» le peuple français. » (Art. 32.)

La souveraineté du peuple, avant comme après la Constitution formulée, promulguée, reste donc debout et vivante ; pour le droit de pétition, tout est là.

Il y a bien, il est vrai, certaines dispositions de la Constitution qui peuvent être modifiées sans l'intervention du suffrage universel, et par le seul concours du Sénat et du pouvoir exécutif ; mais il est clair qu'il n'est question là que de dispositions de détails purement accessoires, purement organiques, en ce sens qu'elles auront pour but, non pas de détruire, assurément, ce qu'il y a de fondamental dans les institutions, mais au contraire afin d'en assurer le plus facile et le plus large développement. Or, ce qu'il y a de fondamental dans la Constitution, c'est, d'une part, personne ne le contestera, *ces grands principes de* 1789, *base du droit public des Français;* ce sont, d'autre part, les pouvoirs qui doivent régner, gouverner, oui, mais en s'appuyant exclusivement sur ces bases.

Le droit de pétition, à ce premier point de vue et dans ce premier ordre d'idées, n'a-t-il rien à faire ? ne peut-il pas entrer dans *cette large voie laissée aux améliorations* ? Organe de la souveraineté du peuple, restera-t-il muet quand *rien de fondamental ne peut se faire en dehors de la volonté du peuple ; quand les modifications de la Constitution doivent toutes être soumises au suffrage universel ?* Evidemment, telle n'est pas, telle ne pouvait être la pensée de la Constitution de 1852.

Mais continuons l'étude des textes, et la solution que nous cherchons va devenir de plus en plus évidente.

La Constitution ne dit pas seulement que le peuple

reste toujours maître de sa destinée, et que la porte est constamment ouverte aux réformes ; elle ne dit pas seulement que, en fait de réformes, rien de fondamental ne se tente ou ne s'accomplit en dehors de la volonté du peuple ; elle dit aussi quelles sont les activités qui peuvent se mêler, soit aux forces chargées du maintien et du développement des institutions, soit aux forces plus spécialement chargées de réaliser le progrès ; ainsi, s'agit-il de conserver ce qui est, elle statue en ces termes :

« Le Sénat est le gardien du pacte fondamental et des
» libertés publiques ; aucune loi ne peut être promulguée
» avant de lui être soumise. » (Art. 25.)

« Le Sénat s'oppose à la promulgation : 1.° des lois qui
» seraient contraires ou qui porteraient atteinte à la Cons-
» titution, à la religion, à la morale, à la liberté des cul-
» tes, à la liberté individuelle, à l'égalité des citoyens
» devant la loi, à l'inviolabilité de la propriété, au prin-
» cipe de l'inamovibilité de la magistrature. 2°.......... »
(Art. 26.)

Ce n'est pas tout :

« Le Sénat maintient ou annule tous les actes qui lui
» sont déférés comme inconstitutionnels par le gouverne-
» ment, ou dénoncés (l'expression est énergique), pour la
» même cause, par les pétitions des citoyens. »

Voilà donc qui est clair :

Au Sénat, l'action pour sauver la Constitution des actes violateurs qui la menaceraient.

Mais à tous les citoyens le droit de dénoncer ces actes au Sénat, d'éveiller sa vigilance, d'exciter son zèle, de solliciter son intervention puissante et décisive.

L'action du Sénat, l'intervention des citoyens dans ce but, ne constituent pas seulement un droit, elles constituent un devoir.

Ce n'est pas seulement une partie de la Constitution qui est remise à la garde du Sénat et des citoyens, c'est la Constitution tout entière.

Et s'il y avait à choisir, ce qui ne saurait être, telle ou telle partie de la Constitution, certes, ce ne serait pas la disposition première du pacte qui serait abandonnée sans défense à la merci des attaques insensées ou des violateurs coupables.

Qu'y a-t-il, en effet, dans la Constitution de 1852, qui soit supérieur à *ces grands principes* proclamés en 1789, que cette Constitution déclare *reconnaître, confirmer, garantir ?* Et comment comprendre que l'action du Sénat et l'intervention des citoyens ne soient plus qu'une lettre morte quand il s'agit de ces principes qui sont *la base du droit public des Français ?*

Maintenant s'agit-il, non plus de maintenir et de conserver, mais de réformer ? Le Sénat voit, en quelque sorte, s'augmenter son pouvoir, il a une grande initiative ; non-seulement il peut poser les bases des projets « de lois d'un grand intérêt national » (art. 30), mais même proposer des « modifications à la Constitution. »

Eh bien ! les citoyens ne pourront-ils donc se mêler encore à cette initiative en signalant les réformes utiles, comme ils ont droit de se mêler à l'action quand il s'agit de maintenir les institutions violées ? Pourquoi non ? Soit qu'il s'agisse de la réforme, soit qu'il s'agisse du maintien des constitutions, la mission du pétitionnaire a toujours la même source, c'est-à-dire la souveraineté du peuple ; le même intérêt, c'est-à-dire l'intérêt du peuple ; le même but, c'est-à-dire la satisfaction la plus large à donner à ces intérêts.

En résumé, donc :

Rationnellement, légalement, loyalement interprété, le droit de pétition, droit de souveraineté dans son origine, dans son objet, dans ses résultats, n'a pas, ne peut avoir d'autres limites que les limites que nous lui avons données ; il peut même, nous le disons en terminant, s'attaquer à toute loi existante qui menace, compromet ou viole un des grands intérêts que la Constitution confirme, reconnaît et garantit, comme il peut soulever et féconder les idées de réformes que le temps précise et conseille. Le droit de pétition est ainsi, ou il n'est qu'une déception.

DEUXIÈME QUESTION

EN S'ADRESSANT AU SÉNAT, TOUT FRANÇAIS JOUISSANT DE SES DROITS POLITIQUES A-T-IL LE DROIT D'EXPLIQUER LES MOTIFS DES RÉFORMATIONS QU'IL DEMANDE ?

Les développements que nous avons donnés à la première question nous dispensent d'insister beaucoup sur celle-ci. Le droit d'adresser une pétition (et nous avons déjà dit quelle était la nature et l'étendue de ce droit) implique le droit de la motiver, les convenances mêmes veulent qu'il en soit ainsi ; sans doute toute loi qui existe mérite le respect, mais en ce sens, qu'obéissance lui est due tant qu'elle existe et par cela seul qu'elle existe. Mais ce respect n'a jamais été jusqu'à prescrire aux citoyens de trouver bon ce qui est mauvais, moral ce qui est immoral, constitutionnel ce qui est inconstitutionnel.

La critique des lois a été et sera éternellement du domaine des philosophes, des publicistes, des jurisconsultes, des magistrats, de tous les citoyens en un mot ; le progrès, l'amélioration des législations sont dus à l'action de cette puissance légitime et salutaire.

Cela est vrai dans l'ordre civil, cela est plus vrai encore dans l'ordre politique.

Dans l'ordre politique en effet, et au point de vue où nous raisonnons, la critique n'est pas seulement une faculté, une jouissance de l'intelligence ; c'est un droit, c'est un devoir social. En vertu de ce droit, sous l'empire de ce devoir, voilà un citoyen qui dénonce au Sénat, par voie de pétition, un acte ou une loi qu'il croit porter atteinte à la *Constitution, à la religion, à la morale, à la liberté des cultes, à la propriété,* etc., etc. Certes, en parlant ainsi, il ne dénonce pas les vertus, mais les vices de la loi ; il ne la recommande pas au respect public, mais ce qu'il fait ainsi, il le fait avec droit (*jure*) ; il le fait dans un but légal, constitutionnel ; il le fait pour arriver au triomphe de la justice et de la vérité.

Dans le sens juridique, il ne manque pas plus au respect de la loi quand il la dénonce, que le Sénat n'y manque quand, dans le cercle de son pouvoir, il en a provoqué l'annulation. Dans le citoyen qui dénonce la loi, dans le

Sénat qui la modifie comme inconstitutionnelle, ce qu'il faut voir, c'est la souveraineté du peuple, toujours active pour maintenir l'ordre qu'elle a voulu et établi.

Nous n'avons pas besoin d'ajouter ici que toute critique n'est puissante et n'est acceptée qu'à la condition d'être sage dans son action, sévère dans son langage : la grandeur du but conseille la prudence des moyens pour y parvenir.

TROISIÈME QUESTION

—

LE DÉCRET DU 17 FÉVRIER 1852 PEUT-IL, SOIT DANS TOUTES SES DISPOSITIONS, SOIT DANS QUELQUES-UNES, ÊTRE, PAR VOIE DE PÉTITION, DÉNONCÉ AU SÉNAT COMME CONTRAIRE AUX PRINCIPES RECONNUS, MAINTENUS ET GARANTIS PAR LA CONSTITUTION DE 1852 ?

Cette question est complexe :

Nous nous demandons d'abord si, même en admettant que le décret du 17 février porte atteinte à la Constitution de 1852, le Sénat pourrait être appelé, encore aujourd'hui, à faire sur lui acte de son pouvoir.

Voici, à cet égard, l'objection qui peut être présentée :

L'article 58 de la Constitution porte : « La présente

» Constitution sera en vigueur du jour où les grands
» corps de l'État qui l'organisent seront constitués. »

« Les décrets rendus par le Président de la République,
» depuis le 2 décembre jusqu'à cette époque, auront force
» de loi. »

Or, le Sénat et le Corps législatif n'ont été convoqués
et constitués qu'au 20 mars.

Le décret du 17 février 1852 avait donc force de loi, de
par la volonté du Président de la République, quand les
grands Corps de l'État ont été constitués. Donc le Sénat
n'a pas eu à lui donner son approbation, et ne peut plus
l'embarrasser de son *veto*.

Cette objection est, à nos yeux, plus spécieuse que
grave.

Le décret rendu dans les circonstances et à l'époque où
il l'a été, a force de loi, soit, et nous n'avons rien à dire·
contre l'obéissance qui lui est due tant que cette force lui
sera conservée. Mais quoi ! est-ce que le Sénat ne peut,
en effet, frapper de son *veto* constitutionnel un acte législatif, qu'autant que cet acte n'a point encore été promul-
gué et n'a pas reçu force de loi ?

Non, le Sénat est d'une façon absolue « le gardien du
» pacte fondamental et des libertés publiques. » (Art. 25.)
L'erreur, la négligence, l'oubli, si l'erreur, la négligence,
l'oubli pouvaient être supposés, ne sauraient prescrire
contre ce pacte et contre ces libertés.

Le Sénat a un *veto* préventif par lequel il peut faire obstacle à la promulgation d'une loi, oui ; mais il a aussi
action sur les faits accomplis si ces faits violent la Constitution.

Ainsi, par exemple, *le Président de la République a le droit de déclarer l'état de siége dans un ou plusieurs départements* (art. 12); mais, ce fait accompli, *il doit en référer au Sénat dans le plus bref délai.* Or, cette référence n'est-elle donc, selon la volonté de la Constitution, qu'une vaine formalité, et l'accomplissement de l'état de siége suffirait-il donc pour en couvrir l'inconstitutionnalité?

Ainsi encore, le Sénat a droit de *maintenir* ou d'*annuler* les actes qui lui sont dénoncés comme inconstitutionnels par les pétitions des citoyens.

Evidemment, ces autres actes qu'il s'agit d'*annuler* ou de *maintenir* sont des actes déjà accomplis; ils peuvent être, cependant, *dénoncés* par les citoyens, *annulés* par le Sénat. Dira-t-on qu'il est ici question d'actes et non pas de lois? Quelle distinction étrange! Quoi! des actes violateurs de la Constitution pourraient toujours être annulés, et des lois inconstitutionnelles devraient toujours vivre en face, ou plutôt au-dessus de la Constitution qu'elles violent!

Un tel désordre n'est pas acceptable.

En la forme donc, le décret du 17 février 1852, encore bien qu'il date de sept années, peut être soumis, nous le croyons, à l'examen et à l'appréciation du Sénat.

Mais y a-t-il lieu, au fond, de le soumettre à cette appréciation? Cette question est plutôt politique que juridique, nous ne devons donc l'aborder qu'avec réserve. Discuter le décret de 1852 dans son esprit, dans son but, dans ses dispositions, ce sera surtout l'œuvre du pétitionnaire; il a droit de le faire, nous croyons l'avoir démontré. Nous pourrions nous arrêter là.

Toutefois, et pour ne pas laisser sans réponse la question spéciale qui nous est posée sur la portée de ce décret, nous croyons devoir présenter encore quelques observations sommaires, d'abord sur ses rapports avec la Constitution, ensuite, et plus particulièrement, sur l'une de ses dispositions principales.

Est-il en harmonie avec la Constitution de 1852 ? Nous ne pensons pas qu'il tombe sérieusement dans l'esprit de personne de le soutenir ; nous serons donc brefs à cet égard : pour que cette harmonie existât, en effet, il faudrait qu'il ne fût pas en opposition avec « *ces grands principes de* 1789 *qui sont la base du droit public des Français.* » (Art. 1*er*.)

La liberté de la presse est l'un des plus éminents de ces principes : or, a-t-elle été respectée par le décret de 1852 ?

Dira-t-on qu'à tort nous prenons, dans leur sens absolu et historique, ces expressions « *des grands principes de* 1789 ; » qu'il faut les entendre dans un sens moins large et en se pénétrant, un peu plus que nous ne le faisons, des traditions du premier Empire ?

Nous avons bien lu, il est vrai, dans une proclamation de 1852, cette phrase : « Notre société actuelle n'est autre chose que la France régénérée par la révolution de 1789 et organisée par l'empereur (Napoléon I*er*) ; » mais cette proclamation n'avait pas, apparemment, pour but d'affaiblir, et, en tout cas, elle n'affaiblit en rien la déclaration solennelle que nous vous avons déjà plusieurs fois citée et qui couvre de sa puissance la Constitution tout entière. La souveraineté du peuple a dicté cette déclaration, la souveraineté du peuple la maintient.

Et, d'ailleurs, il y a eu deux phases dans les constitutions du premier Empire.

Dans la première, fort de sa force personnelle, l'empereur Napoléon Ier a pu mettre en oubli ou transformer les principes que la souveraineté du peuple avait proclamés en 1789.

Mais dans la seconde, vaincu dans sa force personnelle, il s'est rappelé ces principes, et alors, il a compris que, pour être puissant, même quand on trouve et qu'on accepte son origine dans la souveraineté du peuple, il faut, c'est lui-même qui l'a dit, *rendre les constitutions de l'Empire conformes en tout aux vœux et aux besoins nationaux, entourer les droits des citoyens de toutes leurs garanties et donner au système représentatif toute son extension.*

Laissons donc le passé, et gardons-nous d'affaiblir, par des souvenirs qui n'appartiennent plus qu'à l'histoire, les dispositions de l'article 1er de la Constitution nouvelle, qui ont, elles, leur vertu propre et actuelle.

A un second point de vue, le décret de 1852 nous paraît devoir être critiqué ou plutôt *dénoncé*, pour nous servir de l'expression même de la Constitution de 1852.

Aux termes de ce décret, un journal peut être supprimé après certaines condamnations prononcées, et même *administrativement*, sans qu'il y ait eu de condamnation,

Or, un journal n'est pas seulement l'organe d'une opinion, l'expression d'une pensée politique, c'est encore une propriété industrielle d'une importance quelquefois considérable, dont la valeur, divisée en actions, appartient à des propriétaires qui, souvent, se préoccupent assez peu des idées qui s'y agitent. La suppression d'un journal est donc, en fait, la suppression d'une propriété matérielle. Qu'est-ce que cela, sinon une atteinte profonde portée à l'une des bases les plus fondamentales de la société, une sorte de confiscation? Eh bien! nous le demandons, est-il entré dans la pensée de la Constitution de 1852, de faire revivre cette peine contre laquelle toutes les constitutions précédentes ont protesté avec tant d'énergie?

Si cette pensée était entrée dans la Constitution de 1852, sa mise à exécution aurait-elle pu, jamais, être confiée à l'autorité d'un simple acte administratif? C'est une maxime, un axiome de droit, en France, que la propriété est chose sacrée, que la puissance judiciaire seule, prononçant en vertu de la loi, peut la modifier. Toute autre autorité que celle de la loi et de la justice ne saurait y toucher.

La Constitution de 1852 n'a donc pas, nous le croyons, autorisé une pareille entreprise.

Encore ici nous pouvons l'invoquer et abriter notre opinion sous les principes de 1789, qu'elle reconnaît et proclame comme étant la *base du droit public des Français*; ces principes sont une vérité, ou ils sont un sarcasme : il faut opter !

Un sarcasme! non, ils sont une vérité, et nous les revendiquons comme tels. En raison comme en conscience, la propriété de l'homme n'a point à répondre du crime, du délit, de la faute de l'homme, si ce n'est dans la mesure du dommage que son crime, son délit ou sa faute ont causé. Aller au delà, c'est frapper indistinctement l'innocent et le coupable, le chef de famille et avec lui sa famille tout entière, le gérant de l'industrie et avec lui tous ceux qui se sont associés à lui par le travail ou par le capital.

Une justice ainsi faite ne réprime pas, elle effraye. Elle manque ainsi de moralité et par conséquent de puissance.

Nous n'avons pas à insister davantage pour démontrer

que le décret du 17 février est en opposition manifeste avec la Constitution de 1852, et en ce qui touche la liberté de la presse, et en ce qui touche l'inviolabilité de la propriété : cette démonstration ne détruit pas la loi qui, nous l'avons déjà dit, a droit à l'obéissance tant qu'elle existe ; mais elle appelle et la vigilance des citoyens et l'action du Sénat.

Nous terminerons, sur ce point, en rappelant une disposition de la Constitution qui s'applique aussi bien, nous croyons l'avoir démontré, aux lois faites qu'aux lois à faire :

« Le Sénat s'oppose à la promulgation des lois qui por-
» tent atteinte... *à l'inviolabilité de la propriété...* »

QUATRIÈME QUESTION

—

EST-IL PERMIS DE REPRODUIRE, PAR VOIE DE BROCHURE, UN ARTICLE QUI AURAIT ÉTÉ, DANS UN JOURNAL OU DANS UNE REVUE, L'OBJET D'UN AVERTISSEMENT ?

UNE CONVENTION FAITE DANS CE BUT AURAIT-ELLE UN OBJET LICITE, ET AURAIT-ELLE FORCE DE LOI ENTRE LES PARTIES QUI L'AURAIENT SIGNÉE ?

Le droit de reproduction nous paraît incontestable.

Constatons d'abord un fait essentiel : c'est que le décret de 1852 n'a entendu régir que les journaux et écrits périodiques.

Quant aux brochures proprement dites, elles restent sous l'empire des lois générales, sauf, toutefois, la juridiction. Les mesures préventives de l'avertissement, les mesures répressives de la suspension et de la suppression, mesures tout exceptionnelles que les lois générales ne reconnaissent pas, ne sauraient donc les atteindre ni directement, ni indirectement.

Cette première considération ne nous paraît pas devoir soulever une dissidence sérieuse. C'est pourquoi nous n'y insistons pas.

Mais ces brochures peuvent-elles reproduire des articles de journaux ou de fenilles périodiques qui auraient déjà reçu de l'autorité un avertissement?

Pourquoi non? La reproduction d'un tel article ne peut pas, assurément, avoir pour effet de changer le caractère de la brochure qui le reproduit et de la placer elle-même dans la classe des écrits périodiques et sous l'empire des mesures exceptionnelles qui atteignent ces sortes d'écrits seuls. Elles restent brochures ordinaires : l'avertissement ne peut donc aller jusqu'à elles.

L'article averti, reproduit dans le même journal où il a été publié, appellerait un second avertissement, sans doute.

Mais pourquoi? Parce que ce second avertissement pourrait le saisir dans un journal soumis lui-même à la mesure de l'avertissement. Mais comment un second avertissement irait-il le saisir dans un milieu que cette mesure ne peut pas aborder?

Cependant, dit-on, cet article reproduit n'est pas un article inoffensif et en quelque sorte d'une pureté native. Il sera donc permis de n'avoir aucun égard à l'avertissement donné !

L'article est averti, oui ; mais étudions de près la portée légale de ce fait :

Si l'avertissement était une peine, et si cette peine était appliquée par jugement, nous en convenons, la reproduction serait impossible. Pourquoi? Parce qu'elle serait un acte de révolte contre la chose jugée et contre la puissance judiciaire qui l'aurait jugée. Pourquoi encore? Parce que cette peine supposerait l'existence d'un crime, d'un délit, d'une contravention, et qu'un crime, un délit, une contravention renouvelés, constituent une attaque persistante contre la société, une offense à la loi.

Mais quel est donc le caractère légal de l'avertissement? Est-il une peine?

En quelle qualité l'autorité l'inflige-t-elle? est-ce en qualité de juridiction constituée?

Si nous apprécions ces questions au point de vue des principes que notre législation criminelle consacre, et qui, de toute éternité, ont été la sauvegarde de la société qui accuse, aussi bien que des citoyens qui sont accusés, il nous est impossible de voir, dans l'avertissement donné à un journal, rien qui ressemble à une peine infligée, à un délit, et, dans l'autorité qui inflige cette mesure, rien qui ressemble à une juridiction, même exceptionnelle.

Les enseignements de la loi, de la doctrine, de la jurisprudence, fortifieraient en cela notre opinion, si elle avait besoin d'être fortifiée. Nous ne les redirons pas, ces enseignements, nous ne saurions nous résoudre à penser qu'ils aient pu être mis en oubli.

Au reste, le décret de 1852 lui-même, quand il traite de l'avertissement, ne dit rien qui puisse faire croire que cette mesure soit une *peine* infligée à un *délit* par une *juridiction spéciale.*

Et en effet, en vertu du décret, un avertissement est lancé ; est-ce donc parce qu'il y a un délit reconnu ? Non ; car si un délit existait, la justice, à coup sûr, ne resterait pas inactive. Son inactivité serait une violation de la loi. Et pourtant, dans ce cas, la justice n'agit point.

Est-ce à titre de peine qu'il est lancé ? Non ; car si une peine devait être infligée, le coupable qui aurait à la subir serait soumis à un tribunal quelconque, qui l'interrogerait, lui donnerait un défenseur, ou lui permettrait d'en prendre un ou de se défendre lui-même. Or, cherchez dans le décret quelque chose qui ressemble à ces garanties ! Vous y trouverez un acte de propre mouvement qui, sans avis préalable, sans explication, sans délibération, ordonne et frappe : voilà tout. Et l'avertissement serait une peine !

Une peine ! Non, ce n'est pas une peine. Pour s'en convaincre, il suffit de le considérer en lui-même et dans ses effets. Une peine affecte le citoyen qu'elle frappe, dans sa personne ou dans sa fortune, dans son honneur ou dans sa liberté : l'avertissement n'affecte l'écrivain ni dans sa personne, ni dans sa fortune, ni dans son honneur, ni dans sa liberté. Elle ne l'affecte pas même dans son écrit ; car, cet écrit, après l'avertissement, continue à vivre, à circuler comme si aucune mesure n'était venue l'atteindre.

En résumé, l'avertissement n'est point une peine. Il n'a pas pour but de réprimer un délit qui n'existe pas, il ne descend pas d'une juridiction, il ne constitue pas de chose jugée ; il n'est pas un acte de justice accompli au nom de la société outragée ou compromise dans ses intérèts. En face de cette mesure, la justice du pays peut rester et reste calme.

Qu'est-il donc alors? Nous avons souvent prononcé le mot, une simple mesure administrative, dont le but est d'é-clairer sur une imprudence commise ; de mettre en garde contre des velléités de liberté ou d'indépendance, qui, selon l'autorité, dépasseraient les limites légales. Qu'est-ce encore? Une menace, au fond de laquelle le journal menacé peut apercevoir la mesure plus terrible de la suspension, de la suppression, de la ruine; faits plus graves, sans doute, et qui, pourtant encore, sont, non pas des coups de justice, mais des coups d'autorité; non pas des peines, mais des désastres.

L'avertissement est tout cela, peut-être quelque chose de plus encore; qu'importe? Mais, encore une fois, ce qu'il n'est pas, c'est une peine frappant un délit sur le jugement d'une juridiction reconnue; et, à ces titres, se recommandant au respect, à l'obéissance de tous.

L'écrit, sous le coup de l'avertissement, reste innocent comme il l'était avant l'avertissement. Dans le cadre d'un écrit périodique, il pourrait encore être averti s'il était reproduit. En dehors de ce cadre, il ne relève plus que des lois et des juridictions ordinaires.

Cela dit, nous croyons avoir démontré le droit de re-production. Et, si le droit de reproduction est à l'abri de toutes recherches, il est clair que les conventions faites pour cette reproduction ont un objet licite. Force de loi leur est donc due et elles doivent recevoir leur exécution.

La loi générale, la force majeure, le fait de prince pour-raient seuls y faire obstacle ; mais ces obstacles n'existent pas Le fait de prince, notamment, fait tout-puissant en vertu du décret, dans la limite des écrits périodiques, est sans vigueur, d'après ce même décret, en dehors de ces limites.

Délibéré à Paris par les jurisconsultes soussignés, bâtonnier et anciens bâtonniers de l'ordre des avocats à la Cour de Paris.

Le 31 décembre 1859.

Ont signé : Al. PLOCQUE, bâtonnier ; BERRYER, ancien bâtonnier ; MARIE, ancien bâtonnier ; J. DUFAURE, ancien bâtonnier ; F. LIOUVILLE, ancien bâtonnier ; BETHMONT, ancien bâtonnier.

CONSULTATION

ET ADHÉSION

De Me ODILON BARROT, avocat, ancien député.

Le conseil soussigné donne sa pleine adhésion à la consultation de ses confrères, MM. les bâtonniers de l'ordre.

Le droit de pétition, c'est le droit de l'invocation, de la prière. Quel est le gouvernement qui serait assez absurde pour dénier un tel droit? C'est aussi le droit d'avertir, d'éclairer, de signaler le mal à réparer, le bien à réaliser; sous cette forme, il est plus importun aux gouvernements, mais il leur est aussi plus utile ; à moins qu'ils ne ressemblent à ces empereurs romains qui ne voulaient pas qu'on les touchât, même pour les sauver.

Il ne faut pas demander si le droit de pétition est accordé par la Constitution, mais s'il est prohibé par elle ; car, à moins d'une prohibition formelle, absolue, il subsisterait même sans disposition écrite, par la seule force du droit de nature. Or, dans la Constitution actuelle de la France, non-seulement le droit de pétition n'est point interdit, mais il est réglé : donc il existe.

Quant à son efficacité, le soussigné ne saurait partager la confiance du consultant : deux choses essentielles manquent dans la Constitution actuelle de la France, pour faire de ce droit de pétition une chose sérieuse : la publicité et la responsabilité. Sous nos anciennes institutions parlementaires représentatives, le droit de pétition n'eut guère d'efficacité que par la publicité du débat qu'il provoquait. C'était pour éviter ce débat que les ministres faisaient droit, la plupart du temps, aux pétitionnaires. Dans une constitution où la responsabilité morale du pouvoir n'est pas mise en jeu par la publicité, tout droit de pétition a beau être formulé par écrit, il est et sera toujours inefficace. Quant à cette autre responsabilité pénale du pouvoir qui n'a jamais été organisée en France, ni même bien définie, elle est la sanction nécessaire et suprême du droit de pétition. Là où elle n'existe pas, au moins comme menace, le droit de pétition n'est plus qu'une vaine abstraction. Or, dans notre Constitution, le chef de l'État seul est responsable : c'est trop et trop peu. La responsabilité des ministres était déjà bien difficile à mettre en mouvement ; que serait-ce de la responsabilité du chef de l'État ? à quoi tendrait-elle ? à quel prix se réaliserait-elle ?

Sur les autres questions posées, le soussigné n'hésite pas, comme ses confrères, à décider qu'entre le droit d'avertissement de l'administration à l'égard des journaux et

le droit de jugement des tribunaux à l'égard des brochures et des livres, il y a toute la distance qui existe entre
la censure et la liberté, entre la police et la justice com-
munes. Cette différence tient à celle qui existe dans les
conditions et les effets de ces deux modes de publication.
On l'a souvent dit : le journal est une tribune, toujours
debout, toujours retentissante, et dont notre histoire con-
temporaine atteste la puissance. C'est cette tribune que
l'auteur du décret de 1852 a voulu placer sous le coup
des avertissements administratifs. Mais il n'a pas été
plus loin; il n'a pas disposé que ce qu'il défendait de
dire à cette tribune, il défendait par cela même de le
dire ailleurs, par exemple dans un gros livre, ou même
dans une brochure plus légère ; pas plus qu'il n'a défendu
de dire dans une conversation privée ce qui ne pourrait
pas être impunément dit dans un livre. Le droit d'exprimer sa pensée se modifie dans nos lois selon le mode
employé pour exprimer cette pensée.

Mais ce que le législateur n'a pu faire, l'imprimeur, ar-
mé de son monopole, peut-il le faire en refusant péremp-
toirement ses présses à une brochure ou à un livre, par le
seul motif qu'il s'y trouverait un article qui aurait déjà
subi un avertissement administratif dans un journal? Le
peut-il, surtout alors qu'il s'est antérieurement engagé
par un contrat formel à imprimer cette brochure? Ici se
signale une lacune que, dans nos temps de libre discussion, on a eu le grand tort de ne jamais remplir. La pire
des censures est celle de la peur, parce qu'elle va toujours
bien au delà des exigences du pouvoir. Or, la peur de
l'imprimeur de perdre son brevet est une censure que
nous avons, à tort, laissée subsister dans nos lois. Cette
censure indirecte serait intolérable, si elle n'avait un
correctif dans l'intervention nécessaire des

lesquels sont appelés à juger, entre l'auteur et l'imprimeur, de la légitimité du refus de ce dernier. La peur de l'imprimeur est ainsi passée au crible de la justice, qui apprécie si cette peur est ou non motivée. C'est là une attribution délicate des tribunaux de commerce ; elle leur défère une appréciation qui, dans les conditions ordinaires, est faite tantôt par le gouvernement, s'il s'agit de journaux, tantôt par les tribunaux correctionnels, s'il s'agit de livres ou de brochures poursuivis. Mais l'attribution n'en existe pas moins ; elle est nécessaire, et elle a déjà eu des précédents célèbres et historiques.

Par ces motifs, le soussigné reconnaît non-seulement légitime, mais honorable, l'action du consultant ; car il est toujours honorable de remplir un devoir.

Délibéré par nous, ancien avocat, le 10 janvier 1860.

Signé : ODILON BARROT.

CONSULTATION

ET ADHÉSION

De Me HÉBERT, avocat, ancien magistrat.

Le jurisconsulte soussigné, délibérant sur les quatre questions posées dans une Note à consulter de M. le comte d'Haussonville, adopte les résolutions suivantes :

Sur la première, la deuxième et la troisième questions, relatives au droit de pétition, à ses formes, à son étendue, spécialement en ce qui concerne les changements à introduire dans la législation :

Le droit de pétition n'étant que le droit de se plaindre, il ne peut dépendre de la loi ni de l'octroyer, ni de le refuser; il lui appartient seulement, dans un intérêt d'ordre public, d'en régler l'exercice en déterminant les formes sous lesquelles la plainte pourra se produire, et l'autorité vers laquelle elle devra s'élever.

Ces formes, cette autorité varient avec les régimes et les temps. Si le monarque réunit tous les pouvoirs et les devoirs d'un chef de famille, à lui seul ou à ses délégués s'adressent les plaintes ou du peuple, ou du sujet.

Dans l'état populaire, c'est devant la nation elle-même, ou devant l'assemblée chargée de la représenter, que tout citoyen porte les réclamations qu'il juge légitimes.

Sous la monarchie représentative, les pouvoirs en qui se résument, par délégation, les droits, la volonté et la puissance du pays, offrent à ces réclamations un triple accès et l'éclat d'une discussion publique.

Aujourd'hui, par les lois en vigueur, c'est auprès du Sénat que s'exerce le droit de pétition. (Art. 29 et 45 de la Constitution du 14 janvier 1852; art. 22 et 30 du décret du 13 janvier 1853.)

Mais aujourd'hui, comme dans tous les temps et sous tous les régimes, le droit de pétition, quant à son objet, ne peut avoir d'autres limites que celles qui sont imposées au droit de discussion. Tout ce qui, par la Constitution ou par les lois qui en dérivent, n'est point déclaré au-dessus et en dehors de toute discussion, peut donc être la matière d'une pétition adressée au Sénat.

Et il faut surtout qu'il en puisse être ainsi de la réforme des lois, car c'est d'elles qu'on peut dire, avec raison, qu'elles sont indéfiniment perfectibles; et quel plus grand intérêt pour tous et pour chacun que d'être régi par de bonnes lois !

Aussi nul article de la Constitution du 14 janvier 1852 n'interdit de demander la promulgation de lois nouvelles ou l'abrogation de lois anciennes. Loin de là, par ce qu'on connaît des travaux intérieurs du Sénat, on peut voir que de pareilles demandes ne lui semblent point exorbitantes : et l'article 29 de la Constitution, qui reconnaît aux citoyens le droit de dénoncer les actes inconstitutionnels, n'a pu ni dû vouloir en excepter les actes législatifs ou exécutifs qui seraient entachés de ce vice, ou, ce qui pourrait être pire, contraires aux principes essentiels d'une bonne législation et au bien du pays.

Du reste, du droit de faire une pétition découle évidemment le droit d'en exposer tous les motifs ; et le simple bon sens dit assez qu'en soumettant ses idées au Sénat, qui doit les discuter et les apprécier, le pétitionnaire a le devoir de les développer, de combattre les objections qu'il peut prévoir, en un mot, de discuter par anticipation.

Le décret du 17 février 1852 sur la presse périodique est-il en dehors de ce droit de pétition et de discussion ? Serait-il interdit, soit d'exposer au Sénat, par une pétition respectueuse, soit même, en dehors du droit de pétition, de montrer par une discussion sérieuse et mesurée, que telles dispositions de cette loi, dans les pouvoirs qu'elles confèrent, dans les sévérités qu'elles édictent, dans les conséquences que leur application entraîne, peuvent prêter à une critique légitime et fondée, et appeler une prompte et utile révision ?

Le soussigné ne saurait voir en quoi il pourrait être excessif de penser, de dire et de démontrer que l'art. 32, par exemple, dans ses trois derniers paragraphes, en faisant dépendre d'une décision ministérielle, ou d'une résolution du gouvernement, ou d'un décret, selon les cas, la suspension temporaire ou la suppression absolue d'une publication périodique, ne laisse plus à ce genre de publication et à la propriété qui s'y rattache les garanties fondamentales sur lesquelles la liberté d'écrire et la propriété industrielle ont besoin de compter.

On objectera, nous le voulons, que cette liberté, que cette propriété auront d'autres garanties dans la maturité, dans l'impartialité qu'il faut attendre de décisions émanant de pouvoirs aussi élevés. Mais qui empêchera l'écrivain menacé ou frappé de répondre qu'un avertissement motivé est une censure après publication ; qu'une suspension ou une suppression sont de véritables condamnations ; qu'en France, il y a trois conditions pour qu'une censure, une condamnation soient acceptées comme expression de la vérité et de la justice, à savoir : l'inamovibilité du juge, la libre défense, la publicité du débat, et, qu'en fait de justice et de vérité, il n'y a point d'équivalents.

Une question qui se pose en ces termes mérite assurément d'être sérieusement examinée, et le soussigné estime que, sans s'écarter de l'obéissance et du respect dus aux lois qui existent, on peut exprimer le désir que celles-ci cessent le plus tôt possible d'exister.

Sur la quatrième question, relative à la publication, dans un imprimé non périodique, d'un article qui a été l'objet d'un avertissement motivé, et aux engagements pris par l'imprimeur envers l'auteur et l'éditeur :

Il est sans difficulté : 1º que l'avertissement motivé ne peut, aux termes exprès de l'art. 32 du décret du 17 février, s'adresser qu'*aux publications périodiques* ; 2º que, par son contenu, quel qu'il soit, un écrit non périodique n'est justiciable que des tribunaux. Ces deux propositions résultent si clairement de toutes les lois et du texte en question, elles ont été officiellement ou officieusement si souvent reconnues, qu'il est superflu de les démontrer.

D'où suit que, si un article frappé d'avertissement est reproduit dans un écrit *non périodique*, ce n'est point pour le fait de reproduction qu'il pourra être recherché, mais uniquement quant aux délits de presse que l'article en lui-même pourrait contenir.

Cela posé, l'imprimeur qui, soit avant, soit depuis l'avertissement, s'était engagé par convention à publier, dans une forme non périodique, un article de lui préalablement connu et apprécié, pourra-t-il se refuser à cette publication ?

Il semble qu'il n'y ait là, pour les tribunaux saisis du débat, qu'à faire l'application, non pas même l'interprétation d'un contrat, situation bien différente, on le sent, du cas où l'imprimeur est requis sans s'être préalablement engagé.

Si donc le débat s'élève en l'absence de tout avertissement et après l'engagement formel d'imprimer, comment échapper à l'exécution de cet engagement ou aux dommages-intérêts en cas d'inexécution ? Vainement l'imprimeur prétendrait-il que l'article lui paraît offrir quelque danger. Ses appréhensions seraient tardives : il fallait les concevoir et les manifester lors de l'engagement ; en un mot, ne point s'engager. On pourrait ajouter qu'elles sont chimériques, puisque l'article, ayant déjà paru dans une publication périodique, n'a provoqué ni poursuite judiciaire ni même un avertissement ; qu'enfin, sous prétexte de semblables appréhensions, on en viendrait à conclure (ce qui est inadmissible) qu'en cette matière il n'y a point de contrat.

Comment d'ailleurs vider le débat autrement que par la condamnation de l'imprimeur à exécuter la convention ?

Pour l'en dispenser, il faudrait donc que le tribunal de commerce (c'est lui, la plupart du temps, qui sera juge de la contestation), entrant dans l'appréciation de l'article, le déclarât innocent ou dangereux.

Sans doute, pour cette mission, ni les lumières, ni l'indépendance ne lui manqueraient; mais il lui manquerait ce qui est plus essentiel encore, la compétence. Qu'on cherche dans nos lois, on ne trouvera rien qui la lui attribue; on y trouvera tout le contraire, car c'est à d'autres tribunaux que les lois ont déféré l'appréciation des œuvres de la presse : sous la charte de 1830, c'était, de droit commun, au jury; sous la Constitution de 1852, c'est aux tribunaux correctionnnels : en aucun cas, ce ne pouvait, ce ne pourrait être aux magistrats consulaires, même pour apprécier une plainte privée naissant d'un fait de publication ; à plus forte raison, pour en apprécier le bien ou le mal, au point de vue de l'intérêt public.

Quel désordre naîtrait, d'ailleurs, d'une telle confusion de pouvoirs ! si le tribunal de commerce, *appréciation faite de l'article*, le trouve innocent, donne tort à l'imprimeur, et qu'ensuite, sur la publication, il y ait poursuite et condamnation, c'est le *oui* et le *non*; c'est l'*innocence* et la *culpabilité* déclarées sur le même fait par deux tribunaux alors également compétents.

Si le tribunal de commerce, *obligé d'apprécier l'article*, le juge susceptible d'être poursuivi et délie l'imprimeur de son engagement, le *droit de publier meurt avant que de naître*; il n'est plus vrai, même pour la presse non périodique, que tout Français *a le droit de publier ses opinions*, sous le contrôle des lois et sous sa responsabilité devant les tribunaux, après publication.

Devra-t-il en être autrement d'un article frappé d'avertissement, et l'imprimeur, qui s'était engagé à le reproduire dans la forme non périodique, trouvera-t-il dans cette censure administrative une raison juridique pour rompre son engagement antérieurement contracté ? Nous ne pouvons le penser. L'avertissement n'a apporté dans la situation qu'un fait nouveau : l'opinion d'un agent du pouvoir sur l'article, *en tant que l'œuvre de la presse périodique.* Cette opinion, on l'a dit avec raison, ne crée ni une impossibilité, ni une force majeure, ni un fait du prince : elle n'agit donc en rien sur le contrat ; elle ne peut agir davantage sur les compétences, il serait dérisoire de le démontrer ; enfin, elle n'a ni la prétention ni le droit d'agir sur l'article, en tant qu'œuvre de la *presse non périodique.* En face d'une publication de ce genre et du contrat par lequel on s'est engagé à la faire, cette opinion est donc légalement et juridiquement réputée non avenue.

Et s'il en était autrement, le désordre que nous avons signalé ne ferait que s'accroître. Car, ou le tribunal, visant l'avertissement comme pièce du débat, en discuterait les appréciations, les rejetterait et passerait outre par une appréciation contraire, et l'administration se trouverait atteinte dans l'exercice d'un pouvoir que, quant à présent, elle s'est réservé ;

Ou le tribunal émettrait les mêmes vues que le ministre sur l'article, en les étendant, par son appréciation personnelle, à la publication non périodique, et alors il ferait précisément ce que nous avons vu n'être pas dans ses attributions ;

Ou enfin il devrait, s'inclinant humblement devant a décision ministérielle, en faire un cas de rupture du contrat ; et alors l'*avertissement* prend des proportions inattendues et dont il est permis de s'effrayer. Car tout avertissement *à la presse périodique* aurait son contre-coup obligé sur *la presse non périodique* ; tout article improuvé par l'autorité administrative serait virtuellement condamné à ne reparaître jamais, sous aucune forme et dans aucun temps. Liberté d'écrire et de publier, force obligatoire des conventions, indépendance des tribunaux, tout serait donc enveloppé dans les conséquences de l'art. 32 du décret du 17 février 1852.

Nous ne pensons pas que ces conséquences soient dans la volonté du pouvoir auteur de ce décret, ni des pouvoirs qui l'appliquent, non plus qu'elles ne sont dans ses termes : nous l'avons établi. Mais, en fait de lois, les principes ont leurs conséquences irrésistibles, qu'on les ait prévues ou non, qu'on les veuille ou qu'on ne les veuille pas. Et c'est pour cela que toutes les lois ont le devoir d'être claires, ou de le devenir quand elles ne le sont pas.

Or, comme, en fin de compte, c'est là peut-être une des plus graves préoccupations que doive exciter cette partie du décret du 17 février 1852, c'est une raison de plus pour dénoncer sérieusement, et par les moyens légaux, tout ce qu'il ferait craindre et tout ce qu'il laisserait à désirer, si l'on pouvait donner de telles suites aux avertissements qu'il autorise ; et il est d'autant plus louable et plus urgent, pour tout le monde, d'aviser en choses de si grande importance, que des calculs mauvais pourraient, avec le temps, trouver là deux expédients également dangereux et condamnables : l'un, de rompre des obligations librement et sciemment contractées, ou du moins d'en retarder tellement l'exécution qu'elle risquerait de devenir inopportune et surannée; l'autre, de contraindre des tribunaux, juges des conventions et des intérêts privés, à s'immiscer chaque jour dans des questions d'un autre ordre et à devenir les tuteurs responsables des imprimeurs, en même temps que les censeurs préalables des écrits.

Dans l'état des choses, le soussigné ne croit pas que l'imprimeur assigné par M. d'Haussonville , quels que puissent être ses motifs, doive obtenir devant le Tribunal de commerce de la Seine aucun de ces deux résultats.

Délibéré à Paris, le 11 janvier 1860.

HÉBERT, *avocat*,
ancien magistrat.

Ont adhéré aux consultations ci-dessus, à la date du 14 janvier :

BARREAU DE PARIS

MM.

DESMARET,
LACAN,
LEBLOND,
RIVOLET,

MM.

ALLOU,
DU TEIL,
LACHAUD,

Membres du Conseil de l'ordre des avocats de Paris.

MM.

LA BOULAYE, avocat, professeur au Collége de France,
DE VATIMESNIL,
DE SÈZE,
DE LA BOULIE,
FRESLON,
Victor LEFRANC,

MM.

Émile LEROUX,
Jules FAVRE,
SÉNARD,
Henri DIDIER,
Ernest PICART,
GRÉVY,
ARNAUD, de l'Ariége,

Députés au Corps législatif, ou anciens représentants.

BARREAUX DES DÉPARTEMENTS

ALENÇON. — MM. Ed. BAUDRY, bâtonnier ; L. DE LA SICOTIÈRE, ancien bâtonnier ; GOUGEUL, ancien bâtonnier, membre du Conseil ; E. BERTRE, avocat, ancien magistrat; L. LHERMINIER, membre du Conseil et secrétaire ; Jules RIVIÈRE, membre du Conseil.

AMIENS. — M. MALOT, bâtonnier.

ANGERS. — MM. GUITTON aîné, bâtonnier; BONNEAU, ancien bâtonnier; PIQUELIN, ancien bâtonnier; AUBIN, membre du Conseil de l'ordre.

BORDEAUX. — MM. LAGARDE aîné, ancien bâtonnier; DELPRAT, ancien bâtonnier; MÉRAN, avocat.

COLMAR. — MM. J. CHAUFFOUR, bâtonnier: Joseph FLEURENT, ancien bâtonnier; KUCHLER, ancien bâtonnier; RELIN, ancien bâtonnier; KOCH, ancien-bâtonnier: SIMOTHET, ancien bâtonnier; YVES, ancien bâtonnier; Ch. GUÉRARD, avocat; H. WILHEM, avocat; Louis CHAUFFOUR, avocat; Jules MATHIEU, avocat.

GRENOBLE. — MM. VENTAVON aîné, bâtonnier, ancien avocat général; Frédéric FARCONNET, ancien bâtonnier et membre du Conseil, ancien représentant; A. MICHOL-LADICHÈRE, ancien bâtonnier et membre du Conseil, ancien avocat général; L. NICOLLET, ancien bâtonnier, membre du Conseil; F. CANTEL, ancien bâtonnier, membre du Conseil; DUPEROU, membre du Conseil et secrétaire; VENTAVON, ancien bâtonnier, membre du Conseil; SISTERON, ancien bâtonnier, membre du Conseil.

LYON. — MM. Vincent DE SAINT-BONNET, ancien bâtonnier; MAYNEVAL, ancien bâtonnier; BACOT, ancien bâtonnier; BRAC DE LA PERRIÈRE, membre du Conseil; CAILLARD, membre du Conseil; SAUZET, ancien Président de la Chambre des députés; CARSIGNOL, H. DE BORNES, Lucien BRUN, LE ROYER, CARVILLE, BRICOD, A. BONNET, Louis RAMBAUD, LANÇON, FERROUILLAT, ancien représentant.

MARSEILLE. — MM. MAURANDI, bâtonnier; LECOURT, ancien bâtonnier; MEYNIER, ancien bâtonnier; SAUVAIRE-JOURDAN, ancien bâtonnier; DUFAUR, ancien bâtonnier; D. TEISSÈRE, ancien bâtonnier; Jules ROUX, ancien bâtonnier; AUDIFFRET, ancien bâtonnier.

METZ. — MM. LENEVEUX, bâtonnier; DOMMANGET, ancien bâtonnier; Ed. BOULANGER, ancien bâtonnier; A. DE FAULTRIER, ancien bâtonnier.

NANCY. — M. LAFLIZE, bâtonnier en exercice.

RENNES. — MM. HAMON, bâtonnier; NOUVEL, ancien bâtonnier; GARNIER-DUPLESSIS, ancien bâtonnier; HESPAURIN, père, ancien bâtonnier; DENIS, membre du Conseil.

Les membres de plusieurs barreaux de province, en train de délibérer, ont annoncé l'envoi de leurs adhésions.

TRIBUNAL DE COMMERCE DE LA SEINE

Audience du Vendredi 20 Janvier 1860

Entre le Comte D'HAUSSONVILLE, demeurant à Paris, rue Saint-Dominique-Saint-Germain, 109,

D'une part;

Et le sieur DUBUISSON, imprimeur, demeurant à Paris, rue Coq-Héron, 5,

D'autre part;

Après en avoir délibéré, conformément à la loi,

Attendu que le défendeur ne comparaît pas, ni personne pour lui ;

Le tribunal donne au demandeur, ce requérant, défaut contre le défendeur et pour le profit :

Considérant que les conclusions de la demande ne sont

pas contestées, qu'elles ont été vérifiées, qu'elles paraissent justes;

Par ces motifs, jugeant en *premier ressort*, donne acte au demandeur de la déclaration faite par le défendeur qu'il est prêt à imprimer sans délai, et à remettre au demandeur tel nombre d'exemplaires de la *Lettre aux Bâtonniers* qui lui seront demandés par celui-ci;

Condamne le défendeur par les voies de droit, et même *par corps*, conformément aux lois des 17 avril 1832 et 13 décembre 1848, à payer au demandeur *cinq cents francs*, à titre de dommages-intérêts; condamne le défendeur aux dépens, même au coût de l'enregistrement du présent jugement.

Ordonne que le présent jugement sera exécuté selon sa forme et teneur, et en cas d'appel par provision pour le principal et les dommages-intérêts seulement, en donnant, par le demandeur, caution, ou justifiant de solvabilité suffisante, conformément à l'art. 439 du Code de procédure civile, et que sa signification, aux termes de l'art. 435, et le commandement, aux termes de l'art. 780 du Code précité, se feront par un seul et même acte, et, à cet effet, commet d'office Deschamps, huissier audiencier.

Paris. — Imp. de DUBUISSON et Cᵉ, rue Coq-Héron, 5.